IngA

Und wenn du sie nicht sterben lässt, dann leben sie noch heute

Hrsg. Jutta Sievers

tredition®
www.tredition.de

Die Autorin

IngA (1941 - 2015) wuchs als Kriegskind in einer sehr engen symbiotischen Beziehung zur Mutter auf, welche sie später in ihren Märchen aufarbeitete. Der ihr fremde Vater kam erst spät aus der Kriegsgefangenschaft zurück.

Nach eigenen praktischen Erfahrungen als Erzieherin begleitete sie als Oberstudienrätin mehr als 30 Jahre mit viel Begeisterung angehende Heilpädagogen in ihrer Ausbildung. Ihr Anliegen, Menschen zu helfen, bewog sie auch dazu, sich mit alternativen Heilmethoden zu befassen und nebenberuflich als Heilpraktikerin tätig zu werden.

Die Gedichte der Autorin spiegeln ihren Werdegang: Das Loslassen des Kindheitstraumas und Finden der eigenen Identität, das Staunen und die Dankbarkeit für die Schöpfung, die Erlebnisse auf ihren Reisen - den äußeren, weltlichen, und insbesondere den inneren, spirituellen.

Die Zen Meditation war für IngA weit über 30 Jahre ein wichtiger Begleiter. In den kritischen Weihnachtsgedichten zeigt sich eine starke Auseinandersetzung mit ihrem Glauben.

IngA hat ihre Werke zeitlebens mit diesem Namenskürzel unterschrieben. Darum wurde auch dieses Buch unter ihrem Pseudonym veröffentlicht.

IngA

Und wenn du sie nicht sterben lässt, dann leben sie noch heute

CRESCERE VITA

Hrsg: Jutta Sievers

© 2019 IngA
Umschlagfoto: flash (Pixabay)
Umschlaggestaltung: Jutta Sievers
Korrektorat: Marleen Hawkins
Herausgeberin: Jutta Sievers

Verlag & Druck: tredition GmbH, Halenreie 40-44.
22359 Hamburg

ISBN
Paperback   ISBN 978-3-7482-5924-4
Hardcover   ISBN 978-3-7482-5925-1
e-Book   ISBN 978-3-7482-5926-8

Für IngA

Danke für alles,
was Du uns gegeben hast.

Hinführung

Die nachfolgenden Texte entstanden aus meinem eigenen Entwicklungsprozess, in der Auseinandersetzung mit einer emotional bedürftigen, narzisstischen Mutter, der es gelang, ihr Kind – mich – nach ihren Bedürfnissen zu formen. So konnte sie sehr gut mit mir leben. Ich wurde zum „lieben Kind" gemacht. Von allen anderen Menschen, auch innerhalb der Familie, ging eine Bedrohung aus. Bei mir war sie davor relativ sicher. Z.T. genoss ich diese Stellung lange Zeit und nahm die Welt und den Rest der Familie durch die Brille meiner Mutter wahr. Ich pflegte das Bild einer heilen Kindheit.

Umso schmerzhafter war es für sie und für mich, als dieses Bild zerbrach.

Was haben sie und mein Vater mit mir und aus mir gemacht? Schmerz, Wut und Trauer waren die Reaktionen auf diese Frage. Trauer und Zorn musste ich lernen zu integrieren, sowie ich lernen musste, auszuhalten, nicht mehr als „lieb" zu gelten.

Erst nach einer sehr langen Phase des Grolls ließ ich auch die positiven Erfahrungen mit ihr und mit dem Vater wieder zu. Sehr deutlich und vielfältig wurden sie mir in Naikan-Übungen bewusst, einer aus Japan stammenden meditativen Technik der Innenschau.

Heute schließt sich der Kreis auf einer neuen Ebene. Mein Verhältnis zu den Eltern ist in Balance gekommen.

Ich schreibe dies, weil ich erfahren musste, dass viele Söhne und besonders Töchter unter dem Narzissmus ihrer Eltern leiden, was sich darin äußert, dass sie das eigene Leben nicht voll zu leben wagen.

Alice Miller beschreibt dies eindringlich u.a. in ihrem Buch: „Das Drama des begabten Kindes."

Viele Märchen beschreiben die Auseinandersetzung mit den Eltern und den Prozess der Individuation. Ihre Bilder und Symbole sind so elastisch, dass es sich anbot mit ihrer Hilfe den eigenen Lebensprozess darzustellen und damit anderen eine Möglichkeit zur Identifikation und Reflexion zu geben.

IngA, Dezember 2000

I. Märchen

Hänsel und Gretel

So hat sie es arrangiert –
da musste jeder zugreifen
der lang und hungrig
durch den Wald irrte
um sie und sich zu finden

Da greifen sie zu
und sind verloren

Und ihr Hunger wird nie gestillt

Aschenputtel

Den ganzen Topf
schüttet sie
mir vor die Füße
mit Linsen

Die guten für sie
die schlechten
werden mir im Halse
stecken bleiben

So quäle ich mich
ein langes Leben:
was ist gut
und was ist schlecht

Mir schwillt der Hals
vor lauter Linsen
will kein Wort heraus

Schneewittchen

Kindlein, Kindlein
an meiner Hand
wer ist die Beste
im ganzen Land

Das Kindlein rät
zählt vieles auf
was Mutter wünscht
es kommt nicht drauf

Was kann das sein
so fragt es sich
doch Mutter hilft
und bringt es drauf:

Mit „M" beginnt's
mit „r" hört's auf

Ruckedigu

Ruckedigu
Blut ist im Schuh
der Schuh ist nicht mein Maß –

Ich ließ mich hineinpressen
in ihr Maß
um ihre Träume zu erfüllen

Mit Schmerzen nur
konnte ich gehen
und tat so
als ginge ich auf eigenen Füßen
doch was mich verriet war:

Ruckedigu
das Blut im Schuh

Rapunzel

Rapunzel
mein Töchterchen
lass Dein Haar herunter

Löse Deine Gedanken
vor mir auf
damit ich daran
in Deine Seele gelange
und mich dort einniste

Alle anderen Zugänge
habe ich verschlossen
- vorsichtshalber -
nur zu Deinem Besten

Fast
ist es Dir gelungen
Frau Gothel

Fast
hätte ich mich
im Turm eingerichtet
nie das Leben kennengelernt

Nach meiner Befreiung:
was wurde aus Dir
Frau Gothel

Rumpelstilzchen

Heute backt sie
morgen braut sie
fürs Kind
das sie holen will
übermorgen

Ihre Räume voll Stroh
warten auf dieses Kind
damit es Gold daraus spinne

Sie wird es bestechen
wird ihm alles geben
Ringlein und Kettlein

Und sie kann sagen
alles hab ich getan
für das Kind

Mein bisschen Stroh
wird es doch wohl zu Gold
verspinnen können

Schneewittchens Glassarg

Bald wirst Du sterben
die Du nie ganz gelebt
aus Lebensangst
den Glassarg gewählt

Deine Kinder sollten leben –
nur für Dich

An sie hängtest Du
deine Wünsche und Ideale
und daran maßest Du
ihre Leistungen

Im Glassarg
kam das Leben
Dir nicht zu nah

Von dort aus richtetest
Du die Deinen
konntest Dich überlegen fühlen
und Deinen Wert daraus schöpfen

Wir die wir lernten
durch Deine Glaswand zu sehen
suchten die Mutter
und fanden ein Kind

Selbst fast erstickt
an einem Apfel
der vergiftet

Vielleicht ist Dir
wenn Du erwachst
ein Neuanfang beschieden

Dann trau Dich
zu leben
zu leiden
zu reifen

Armer Müller

Armer Müller
obwohl Du das Räderwerk
Deines Lebens
in Gang gehalten hast
bliebst Du arm

So gerne
wärst Du reich geworden
hättest an Prestige gewonnen
warst sogar bereit

Deine Tochter
dieser Verführung zu opfern

Und merktest nicht
wie sie dabei
Hände und Herz verlor

Wäre da nicht der Engel gewesen
der ihr die Furt gezeigt hätte
der sie in das Haus führte
über dessen Türe steht:
„Hier wohnt ein jeder frei"

Wäre nicht der Engel gewesen
der ihr Herz
und Hände zurückgegeben

Du selbst
wärst nicht froh geworden

Doch Du
warst nur ein armer Müller
gefangen in der Lebensmühle

Deine Sehnsucht
ein König zu sein –
ich kann sie gut verstehen

Der Eisenofen

Die Königin
sprach mir vom König
der prächtig und reich
mich als seine Tochter
annehmen würde

Wenn er heimkehrte
aus dem Krieg

Doch als er kam
aus dem Krieg
da war es ein Eisenofen

Vielleicht sitzt er darin
dachte ich
und begann zu schrappen
lange Jahre lang

Keine Öffnung gelang mir

Als ich schon aufgeben wollte
öffnete sich von innen
eine kleine Tür.

Doch statt der Freude
bemerkte ich
dass ich mich selbst
längst in Eisenstaub einhüllte

Als ich den Staub
abgeschüttelt
stand der König vor mir

Und sagte:

    komm

**Mutter erzählte mir
viele Märchen**

**Lange dauerte es,
bis ich ihre Wahrheit
erkannte**

Rotkäppchen

Ich wollte Dich besuchen
mit Nettigkeiten im Korb
da Du alt warst
und krank

Ich traf Dich
in veränderter Gestalt
diese Begegnung
machte Angst

Ich dachte:
aber Mutter
wie groß sind Deine Augen
Deine Ohren
Dein Mund

Wolltest Du mich besser sehen
mehr sehen -
mehr hören -
tiefer hören

Wolltest Du mich
Dir einverleiben
durch mich leben

Diese Ahnung fühlte sich an
wie Steine im Leib
ich sprang in den Brunnen...

Die Steine
zogen mich hinab
tief
bis auf den Grund

Dort unten
fand ich Dich
und mich

Verwandelt

Die Tochter des Müllers

Du hast verlangt
ich solle Dein Stroh
spinnen zu Gold

Lang habe ich mich bemüht
riss mir Hände und Herz auf
gab den Ring vom Finger
die Kette vom Hals
und zuletzt mich selbst

Ich habe es nicht geschafft
bei Dir
für Dich

Doch habe ich diese Kunst gelernt
durch Dich
für mich

Kann mein Stroh
zu Gold verspinnen
sehe wie mein Lebensfaden
leuchtender wird

Geschaffen
für ein goldenes Gewand

Frau Holles Angebot

Da sitzt Du
auf der Lebensstraße
versuchst
aus dem Gewusel Deiner Kindheit
einen stabilen Lebensfaden
zu spinnen

Verwickeltes zu entwickeln

Kein Wunder
dass es Dir das Herz zerschneidet
und die Finger blutig werden

Die Mutter hilft da nicht
da musst Du schon selber durch...

Kopfüber hineinspringen
in den Brunnen des Lebens

Es ist die Not
die Dir Helfer ist
die Angst zu überwinden

Wenn Du die Tiefe ausgelotet
die Quelle Du erreicht hast
wird sich Dein Leben verändern

Du wirst Früchte ernten
und Nahrung in Fülle haben

Frau Holle in Deinem Innern
wird Dir sagen
wie Du lebendig bleibst

Wenn Du nicht zurückschreckst
vor ihren langen Zähnen
die Dir Gewissensbisse machen

Denn ihre Aufforderung
ist das durch Trägheit
platt Gelegene
aufzuschütteln

Immer wieder – jeden Tag

Diese unermüdliche Arbeit ist es
die Deine Welt verändert
neu werden lässt
wie frisch gefallener Schnee

Und Du selbst veränderst dich
wirst Frieden machen wollen
mit Deiner Vergangenheit
mit allem was Dich verletzte

Frau Holle in Dir
wird diesen Entschluss bejahen

Sie wird Dir
die Spule zurückgeben
damit Du in Verantwortung
Deinen Lebensfaden weiterspinnst

Und wird über Dir
den Reichtum
eines erfüllten Lebens
ausgießen

Die Guten ins Töpfchen

Habe mich
in die Asche gesetzt
wie die Mutter befahl
saß immer noch dort
als Mutter längst fort

Suchte die Wahrheit
von Aschenputtel
zählte jede Linse

Die Schlechten ins Kröpfchen
die Schlechten ins Kröpfchen
die Schlechten ins Kröpfchen

So wuchs der Kropf
Ruckedigu

Wie soll ich fliegen
Ruckedigu

Mit diesem Kropf
Ruckedigu

Bis ich endlich sah
den großen Topf
nun zählt' ich
die guten Linsen hinein

So voll ward der Topf
Ruckedigu

Floss über von Gutem
Ruckedigu

Was war schon der Kropf
gegenüber dem Topf
Ruckedigu

Ich ging mit dem Topf
zu der Mutter Grab
da warf der Baum
noch ein Königskleid ab

Hexenhaus

...und wenn Du Dein Haus
noch so anziehend machst
mit Verlockungen jeder Art
mit süßen Erinnerungen
und Zukunftsplänen
die verheißungsvoll klingen

Es ist ein Hexenhaus ...

Ich spüre
wie sich Dein mächtiger Zauber
auf mich gelegt hat

Wenn ich Deinen Ränken
entgehen will
muss ich Dich verbrennen

Doch ins läuternde Feuer
müssen Du –
und ich

Wir können uns
nach dem Feuerofen
wiedertreffen –

Neu

Und wenn Du
sie nicht sterben lässt
dann leben sie noch heute

Sitzen Dir auf dem Nacken
treiben Dich an
beugen Dir den Rücken

Sorgen dafür
das der Knüppel
immer wieder aus dem Sack fährt

Die Linsen
immer wieder
in die Asche geschüttet werden

Wach auf
aus Deinem 100-jährigen Schlaf

Zerschneide die Dornenhecke
einst Schutz Dir
jetzt Gefängnis

Befreie Vater und Mutter

Erkenne
sie waren Dir auch
König und Königin
die Dir ein Goldstück
in die Wiege legten

Sieh den Reichtum ihrer Gaben
die Schätze ihrer Bemühungen
um Dich

Begrabe sie also nicht –

Doch wenn Du
sie nicht sterben lässt
dann leben sie noch heute ...

Erkenntnis: Der Faden

Der Faden in Deiner Hand
gesponnen
aus unterschiedlichstem Erleben
in bunten Farben
aus vielen Enden

Oder sind es Anfänge

Wer drehte den Beginn
wer zerriss einen Teil

Obwohl ein neuer Ansatz
bleibt vielleicht ein Schmerz
dass etwas nicht weiterging
nicht vollendet wurde

Oder war das Zerreißen
eines Stranges
Voraussetzung
für Fort-Schritt

Wenn es gelänge
den Faden
anzuschauen
in seiner Gänze

Wenn er gelegt ist
zu einem Muster

Dann vielleicht
kannst Du entdecken
ein Mandala
in dem als verfranzt
und mühsam empfundenen
Labyrinth ...

Wenn dies gelänge
dann würde
aus Trauer Jubel

Und aus den zerrissenen Enden
leuchtet Dir die Ahnung
der Vollendung auf

II. Nachklang

In der Stille gelernt

In der Stille gelernt
alles zu vergessen
was wichtig schien
und alles zu bekommen
was zu träumen
ich nie gewagt

In der Stille gelernt
stark zu werden
um mit dem Drachen zu kämpfen
dem eigenen Ich

In der Stille gelernt
mich verwandeln zu lassen
und erkennen dass Auferstehung
unsere Bestimmung ist

In der Stille gelernt
Augenblick und Ewigkeit
fallen zusammen
in diesem Moment
der Leben ist

In der Stille gelernt
dass Gott in mir sein Leben lebt
Und es keinen Grund gibt
mich gering zu achten

Du Baum – Ich Baum

Aufgewachsen mit Verletzung
die Dich fast vernichtet
die Dich zwang
alle Kräfte zu sammeln
und tief
in den Grund zu gehen

Gab Dir das Leben
einen neuen Trieb
genau dort
an der Schnittstelle
von Leben und Tod

Die Wunde verheilte
und an der Narbe
die einzigartig
erkennen wir uns

Der Brunnengrund

Suchst Du einen Brunnen
in der Weite der Landschaft
erkennst Du seine Gestalt
von der Oberfläche der Erde aus
verschieden

Vielleicht
als eine mit Steinen
gefasste Grube

Umgeben
von vielen Fußspuren
der Wassersucher

Oder
als gemauertes Brunnenrund
bemoost und abgebröckelt
durch die Wetter der Jahre

Oder
gitterverziert spielerisch
mit Wasserfontänen
die das Auge erfreuen

Brunnen mit vielen Gesichtern
Gestern und heute
Nähe und Weite

Die Begegnung bleibt
auf der Oberfläche der Erde

Doch in der Tiefe der Brunnen
sprudelt klar und lebendig
das Wasser des Lebens

Berührst Du es
schmeckst Du seine Süße
die erquickt und erneuert

Vergisst
die oberflächlichen Unterschiede
das Anderssein

Bist eins
mit seinem Leben –

Deinem Leben

Werden des Ammoniten

Vom innersten Punkt
des „Es werde"
vollzieht sein Wachstum sich
in immer größeren Kammern

Vollendet sich
ein Reifungsschritt
wird zu eng das Gewohnte
muss geschaffen werden
neuer Raum
dem Wachsen

Wer nicht bereit
zu Neugestalt ist
und Veränderung
wird starr sich
in die alte Enge drücken
und Leben
nur in kleinen Happen nehmen

Doch wer auf sich nimmt
das Schaffen größerer Räume
der wird Entwicklung
und Entfaltung spüren

Auf Freiheit hin
und auf Vollendung

Wird jedoch
gewaltsam oder unbedacht
zu früh geöffnet eine Kammer

Wird ungereift
und ungeschützt
des Lebens Ansturm
den Bewohner schrecken

Der nie das volle Leben
als Gereifter
konnt' erfahren –
er sehnt zurück sich
nach dem Haus
von gestern –

Es sei...
er wirft sich rückhaltlos
in die Unendlichkeit
aus der er kam

Dann wird er auferstehen
als Lebendiger
und sein letzter Raum wird sein
das All

III. Elemente

Element Äther

Geheimnisvoll wirkst Du
wir ahnen mehr
als dass wir wissen
Dein Wesen

Schwingung bist Du
die mit den Sternen spielt
und ihre Bilder
malt ans Firmament

Deine Gegenwart
hält die Erde in einem Netz
Deine Kraft ungefiltert
lässt die Wesen ersterben

Staunend bedenke ich
das gigantische Netzwerk
das die Planeten
und alles Lebendige
in seinen Bahnen hält

Element Erde

Was ist Deine Farbe
braun, grün
gelb, schwarz, rot

Wie ist deine Konsistenz
hart oder weich und formbar

Wer bist Du Gaia
Mutter
Freundin
Feindin

Unser Leib ist geschaffen
aus Deiner Substanz
fest und doch durchdrungen
von allen anderen Elementen

Wir leben
von Deinem lebendigen Leib
er ernährt uns
er trägt uns
er nimmt uns auf
wenn wir zerfallen
und uns nicht mehr
getrennt fühlen
von Dir

Es uns nicht mehr möglich ist
Dich zu verachten

Wir uns nicht mehr
vorgaukeln können
dass wir Dich Untertan
machen können

Ich sitze hier
lass mich tragen von Dir
betrachte Dich
und erkenne dankbar
dass ich Dein Kind bin

Element Feuer

Fremd und faszinierend
erstrahlst Du
wärmst Du
schmilzt Du
vernichtest Du

Ernährst Dich von Luft
und Gaben der Erde
und bist doch das ganz Andere

Nichts
darf Dir zu nahe kommen
das Du nicht ergreifst
und verwandelst

Du erscheinst nicht
in unserm Körper
als Flamme

Doch unser Geist
und unsere Seele
können von Dir ergriffen werden

So dass sie brennen in Sehnsucht
Leidenschaft und Liebe

So möge auch ich brennen
bis abfallen alle Schlacken

Und einzig Gold bleibt

Element Luft

Ich sehe Dich nicht

Meine Augen
können Dich nicht wahrnehmen
und doch bist Du da
allgegenwärtig
ohne Dich
wäre ich nicht

Ich habe keine Wahl
ich muss Dich aufnehmen
mit jedem Atemzug
durchatmet mich das Universum

Trägt Informationen aller Wesen
in meinen Körper
verbindet mich mit allen
über die Jahrtausende hinweg

Mit denen
die in Vollgestalt
das Menschsein erreichen
und denen deren Leben
wertlos scheint

Alles ist in mir
alles in mir wird
in jedem Moment
in mich hineingetragen

Ich bin eins
mit allen und allem

Auch ich gestalte
mit meinem Ausatmen
das Universum mit –
alles Geschaffene
was ist und kommt

Die Luft bewegt sich
streicht über mein Herz
und meinen Geist
macht mich leicht

Wie eine Feder

Element Wasser

Ein einziger Tropfen –
er wird durchleuchtet
vom Universum

Doch verlässt er
seine Eigenexistenz
wenn ihn berührt ein anderer
dann wird er eins mit ihm
mit vielen

Wird zum Quell
zum Fluss
zum Meer
pocht nicht auf Einzigartigkeit

In dieser Fähigkeit
sich aufzugeben
sich verwandeln
vom Wasser zur Wolke
zu Schnee und Eis
ist Erfahrung möglich
in allem was ist

Wasser-Erfahrung
als Pflanze
als Tier
als Mensch

Wie breit ist das Spektrum
Deines Wassererlebens

Erquickend
reinigend
lösend
heilend

Mal spielerisch lebendig
mal ruhig
widerspiegelnd was ist
mal machtvoll zerstörend

Wasser
Du starkes
und doch so sensibles Element
Worte der Menschen
verändern Deine Struktur

Alles was Dich aufnimmt
alles was Du aufnimmst
bringt das Spiel
Deiner Moleküle in Gang
zur Heilung aller Kreatur
oder zum Schaden

Ich schaue in den Brunnen
ins Wasser
den Spiegel meines Lebens

IV. Reiseerlebnisse

Steine auf dem Weg

Auschwitz, Oktober 2005

Die Steine werden reden
wenn die Menschen verstummen
sie sind keine stummen Zeugen
sie reden

Doch wer hört die Steine
ihre Klage
ihre Botschaft

Die schlurfenden müden Schritte
sind ihnen aufgeprägt
sie sprechen in meiner Hand
in meinem Herzen

Das angstvolle Schweigen
und verstummte Weinen
der müden kleinen Füße
die nicht wissen
wann sie aufgenommen werden
wann sie aufgehoben sind

Ihre Mütter sind fort
einen anderen Weg geschickt

Ich spüre
die schweren Schritte der Großen
die auf den Steinen knirschen

Noch tragen sie
den Psalm im Herzen
„Du gibst meinen Schritten
weiten Raum –
meine Knöchel wanken nicht"

Doch ihre Füße
spotten dieser Verse
sie stolpern und taumeln
der Ungewissheit entgegen

Ihre zitternden Füße
bringen den Gang ins Wanken
und ihren Glauben

Sie suchen den Gott
von dem sie sangen:
„Er griff aus der Höhe herab
und fasste mich
er errettete mich
denn er hatte Gefallen an mir"

Wird er mich retten
aus des Löwen Rachen
oder werden meine Feinde
über mich triumphieren

Ich spüre die Schuhe der Alten
die schlurfend
vielleicht wünschen
dass er bald kommen möge
der letzte Schritt

Damit aufhöre
die Totenstarre des Herzens
im Tod des Leibes

Wir Nachgeborenen
gehen den gleichen Weg
über dieselben Steine
mit festen Schuhen
sicher

Gesichert – vermeintlich
doch ist ein Flattern im Herzen
und Erstarrung
angesichts Eures Leidens

Wir suchen den Ort
wo wir uns treffen schuldlos
 - im Licht

Wo Ihr vergebt
und wir vergeben
in Liebe

Pilgerreise zum Kailash

Der kostbare Juwel
ruht makellos und heilig
vor Dir
in Dir

Ihn aufzusuchen
brachest Du auf
aus der Ferne

Ahnung im Herzen
dass dort Vollendung

Die Ahnung als Spur
gibt Dir Hoffnung
und Kraft

Der Weg zu ihm
zeigt Dir
vernachlässigtes
zerstörtes
kostbares

Was nicht beachtet
macht Versagen deutlich

Jedes alte Muster
von Eile
von Bewältigen-müssen
wird unnütz
und hemmt...

Nur Schritt für Schritt
bedachtsam
ist dem Zentrum sich zu nähern

Nur selten geben
weiße Wolken
den Blick frei
auf seine Herrlichkeit
als Verheißung

Om mani padme hum

Nur
wer die Mühe auf sich nimmt
und Schicht um Schicht
zurücklässt
wird ins Zentrum einst gelangen

Ins Zentrum seines Lebens

Dem kostbaren
göttlichen Juwel
in seinem Innern

Der Pilger

Eine Sehnsucht
ein Versprechen
drängt zum Heiligtum

Drängt
mit großer Macht
lässt verlassen
das Alte
das Bequeme
das Bekannte

Lässt den Fuß setzen in die Fremde
Schritt für Schritt
den der Wind wieder verwischt
die Spur bleibt im Herzen

Anders wird der Weg als gedacht
Höhen und Tiefen
Hitze und Kälte
Durst und Hunger
Schmerz und Freude

Am Ziel ist er ein Anderer
fragt sich
was der Weg mit ihm machte

Betritt den Raum des Heiligen
sucht Resonanz in seiner Seele
und findet was er suchte
im eigenen Herzen verborgen

Ostern – Auferstehung

Wer
wird den Stein wegwälzen
vom Grab

Dachten die Frauen
am Ostermorgen –
hoffend
den zu sehen der starb

Wer
wird den Stein wegwälzen
vom Grab
denkst Du

Darin Du begrubst
lebendige Anteile
Deines Lebens

Hoffend
sie wieder zu erwecken
zum Leben
nach Jahren voll Trauer
um Dich

Wer soll ihn schon wegwälzen
den Stein

Wer ...
Du selbst musst es tun

Doch wenn Du Dich entscheidest
Dich mutig aufmachst
zum Grab
in Deinem Innern
dann fürchte Dich nicht

Denn ein Engel
wird vor der Grabkammer sein

Dir helfen
den Stein weg zu wälzen
und Dich schützen
in der Dunkelheit

Du wirst
dem Lebendigen begegnen
dem Lebendigen
das Du tot geglaubt

Du wirst
Deine Auferstehung feiern
in Freude

Halleluja

Herz-Zeit

Herzrasen
Herzrhythmusstörungen
Herzversagen
Herztransplantation

Offensichtlich
sollen wir ihm mehr
Aufmerksamkeit schenken
dem Herzen

Dringend

Unser Leben
hängt davon ab
unser Überleben

Doch
weder der beste Herzchirurg
noch die teuerste Medizin
können bewirken
was Not-wendig

Vielleicht
sollen wir uns an den Spezialisten
in unserem Inneren wenden

Der seine Sprache versteht
seine Weite misst
und seine Tiefe

Seine Fähigkeit
zur Öffnung
zu sehen
zu hören
zu spüren
zu brennen

Dann werden wir erkennen
was Not tut dem Herzen
damit wir gesunden

Denn es sieht weiter als das Auge
hört tiefer als das Ohr
spürt einfühlsamer als die Hände

Seine Spannweite
ist größer als der Himmel
und seine Liebe ist unendlich

Dann kann sich unser
„Herz aus Stein" verändern

Und kann ein neues
Leben spendendes Zentrum werden
das pulsiert
im Tanz des Universums
voll Freude

Dies ist
die neue Zeit

Die Herz-Zeit

Leib-Gebet

Mein Stehen ist mein Gebet
da ich innewerde
was mich hält

Mein Gehen ist mein Gebet
da das was meinen Leib bewegt
das Bewegende
der ganzen Schöpfung ist

Mein Tanzen ist mein Gebet
denn „Es" tanzt in mir
das Universum

Mein Essen ist mein Gebet
denn das Spiel
des Schmeckens und Kauens
zeigt mir die Gesetze
meiner Verwandlung auf

Mein Sehen ist mein Gebet
denn das Wunder
des Blickes erfüllt mich
mit Verlangen
nach tieferem Sehen

Mein Hören ist mein Gebet
denn darin lausche ich
den Botschaften
die an mich gerichtet

Meine Schmerzen sind mein Gebet
weil ich „Es" in seiner Ganzheit
erfahre
erfreuend
und erschreckend

V. Weihnachtsgedanken

Fürchtet Euch nicht

Fürchtet Euch nicht
ein Kind ist geboren
arm
im Stall
auf der Flucht

Das ist die Botschaft
die uns rettet

Doch wir fürchten uns nicht
wovor auch

Täglich werden uns
arme geschundene Kinder
per Television und Zeitung
ins Haus geliefert
zum Abendbrot –
als Beigabe

Wovor also
sollen wir uns fürchten

Wir kennen das alles
wir vertrauen den Herodessen
der Welt

Sind wir noch zu retten

Keine Hirten

Wir sind keine Hirten mehr
brauchen nicht
mit Wolle und Fett anzukommen
um unsere Freude
und unser Mitgefühl auszudrücken

Wir haben 2000 Jahre
Anstrengung hinter uns
um den Lebensstandard
zu erhöhen

Jetzt haben wir alles

Können Dir
ein klimatisiertes Bettchen bieten
geschützt vor schädlichen Keimen

Jeden erdenklichen Baby-Komfort –

Warum nur
kommst Du nicht

Paläste aus Glas

Trotz der Paläste
aus Glas und Beton
trotz Chrom und Edelmetall

Trotz gigantischer Konstruktionen
können wir Dir
noch immer nicht mehr bieten
als einen Stall

Unser brüchiges instabiles Leben
unsere durch tausend Gedanken
zugigen Ecken

Das Stroh
unserer
nicht realisierten Werte

Nicht einmal die Wärme
von Ochs und Esel...

Was ist denn die Gnade

Was ist denn die Gnade
in dieser gnadenreichen Zeit

Ein wenig Glitzer
viel schlafen
gutes Essen

Gnade
ist der Engel
in unserem Innern

Der nicht will
dass wir schlafen

Der uns anhält
beim Konsumieren

Der sagt: Kehrt um
lasst Neues wachsen

Lasst Neues wachsen
zu eurem Nachbarn hin

Lasst Neues wachsen
zur Erde hin

Gießt eure Liebe aus
das ist die Zeit der Gnade

Weihnacht – Christgeburt

Weihnachten
Christgeburt
Neues Jahr
Neubeginn

Wir feiern
neues Leben
das Ende des Alten

Doch eigentlich
wollen wir
alles beim Alten lassen

Jede Veränderung
macht Angst
gefährdet
was wir gesichert glauben

Stellt euch vor
wir würden uns wirklich
einlassen
auf Neubeginn
auf Neugeburt

Es würde bedeuten
wir würden leben

Verheißung

Am Tag des Heils
wird die Wüste blühen
und die Quellen
werden aufspringen

Löwe und Lamm
werden miteinander spielen

Aber
wer will darauf warten

Wir betonieren die Wüste
und verwüsten die Städte.

Wir kanalisieren die Quellen
stecken Löwe und Lamm
gemeinsam in den Zoo

Schließen Friedensverträge
da wir uns nicht glauben

Und manipulieren die Menschen
dass sie nicht mehr warten

Auf das Friedensreich Gottes

Vielleicht

Vielleicht
hat das Weihnachtsliedergesäusel
in den Kaufhäusern
doch einen Sinn

Vielleicht
lässt Zuckerwattenglitzer
doch etwas aufleuchten

Vielleicht
steht am Ende der Hektik
der Weihnachtszeit
doch ein winziger Stern

Vielleicht
wird durch das
Weihnachtsglockengeklimper
ein Funken Sehnsucht
wach gehalten

Nach Erlösung

Adventsgedicht für Kinder

Wir fassen uns an
und halten einander
fest an den Händen

Wir gehen langsam
Schritt für Schritt
Schritt für Schritt
durch die dunkle Nacht

Wir suchen ein Licht
das uns zeigt unseren Weg
Schritt für Schritt
durch die stille Nacht

Plötzlich am Himmel
zeigt sich ein Stern
der uns leuchtet den Weg
wir gehen mit ihm
Schritt für Schritt

Und mit jedem Schritt
der hinführt zum Licht
erstrahlt ein Stern neu
ein Schritt ein Stern

Bis der ganze Himmel funkelt
Licht für Licht
Schritt für Schritt
bis das große Licht strahlt
das Weihnachtslicht

Deine Weihnacht

Geboren
aus einer jungfräulichen Mutter
ward ein göttliches Kind
ein Christus
ein Buddha

Geboren
aus jungfräulichem Schoß
ist die Bestimmung
für Dich
und mich

Denn das
was Neugeburt ermöglicht
ist immer unberührt

So wünsche ich Dir
eine Weihnacht
voll Freude
über Deine Neugeburt

Am Ende der Reise

Am Ende der Reise
steht der Stern
immer noch am Himmel

Der Stern
der das Wunder verheißt
der Stern
den meine Sehnsucht brauchte
der Stern
den meine Zweifel verlachten

Enttäuscht
stehe ich vor dem Stall
vergeblich scheint die Suche
nach dem Wunder

Meine Gedanken
ziehen die Lebensbahn zurück
die der Stern gewiesen

Sie finden im Stall
meines zugigen Lebenshauses
das Neue geboren

Demütig
beuge ich mich
vor dem Wunder
in dem ich jeden Augenblick lebte

Ein neues Jahr

Gute Vorsätze
Hoffnungen
Erwartungen

All das braucht es nicht

Für eine erfüllte Zeit
für ein kostbares Leben
bedarf es einzig
unserer Achtsamkeit

Um das Wunder
eines jeden Augenblicks
um das Wunder
der dauernden Wandlung
- die Leben ist -
wahrzunehmen

Geburtsflamme

Ein Stern
fiel ins Jetzt

Er wagt den Gang
über diese Erde
ist bereit
Mühsal und Tiefe
Freude und Glück
des Menschseins
zu kosten

Seine Wurzeln
ziehen ihre Bahnen
noch bis zum Urgrund

Und wir ahnen
dass seine Heimat ist
in einer anderen Welt

So sehr
könnte er uns Weisung sein
und Meister
der neue Mensch
wenn wir nicht
verblendet wären
von der vermeintlichen Klugheit
in uns

Vielleicht
gelingt uns Demut
so dass wir lernen
von einem Kind

In die Flamme
leg ich mein Herz
dass ich gereinigt werde
und wie Erz geläutert

In die Flamme
leg ich mein Herz
dass es erwärmt werde
und wie Stein durchglüht

In die Flamme
leg ich mein Herz
dass es entzündet werde
und wie in Liebe entflammt

Geburtstag

Dieser Tag weist zurück
so viele Jahre
da hilflos Du
hinausgestoßen wurdest
aus dem Dunkel der Geborgenheit

Vielleicht
versuchtest Du seitdem
zu bauen Dir ein neues Nest
mit starken Zäunen ringsumher
um zu erhalten alten Schutz

Doch immer wieder
drängt das Leben Dich hinaus
um Dir zu Neugeburt
die Chance zu geben

Auch heute

Sagst „Ja" Du
zu Geburt und Neubeginn
umarmt das Leben Dich

Und wiegt Dich Hin und Her
in seinem Schoß

Ein eingelöstes Versprechen

Ich begegnete IngA in unserer gemeinsamen Ausbildung zur Tanzleiterin der „Tänze des Universellen Friedens".

Mit dem Schreiben von Gedichten zur Verarbeitung seelischer Traumata und der Vision, unsere Texte später einmal zu veröffentlichen, verbanden uns vergleichbare Ziele. Später schickte mir IngA einige ihrer Werke zu.

Ihre Botschaft „crescere vita" entstand aus dem persönlich Erlebten; daraus erwuchs ihre Sehnsucht das eigene Leben zu „ent-wickeln", gerade dann, wenn der Lebensfaden als verworren, verknotet oder sogar zerrissen erlebt wird.

Durch unvorhersehbare Ereignisse hat sich eine Veröffentlichung immer wieder verzögert. 2015 verstarb IngA. Die Vision lebte jedoch in mir weiter.

Mein ganz besonderer Dank gilt Maria. Sie hat mir alle weiteren Werke der Autorin zugänglich gemacht.

Danken will ich auch Marleen Hawkins für ihre ehrliche Meinung, das Buch betreffend. Marleen hat die Texte korrigiert. Auch dem Verlag und allen Mitarbeitenden spreche ich meinen Dank aus.

Sie haben mir bei Problemen am PC immer wieder weitergeholfen.

Mögen viele Menschen im Sinne von IngA Hoffnung und Licht für ihr eigenes Leben in diesem Buch finden.
Das ist mein Wunsch

Lienen, 2019, Jutta Sievers

IngA
**Und wenn du sie nicht sterben lässt –
dann leben sie noch heute**
CRESCERE VITA
(Hrsg. Jutta Sievers)

Reihe SabaAna*
Band 1

Jutta Sievers
Etwas ganz Besonderes
Eine ungewöhnliche Liebesgeschichte

Reihe SabaAna*
Band 2

Jutta Sievers
Die Kostbarkeit Deiner Tränen
Wege der Trauer

Reihe: SabaAna*
Band 3

* Die Worte Saba Ana haben ihren Ursprung in der Aramäischen Sprache; sie bezeichnen einen Ausdruck der Jesus zugeschrieben wird.

Sie bedeuten: In der Kraft des/der Einen ...

Weitere Bände in Vorbereitung:

Jutta Sievers
Die goldene Schneeflocke
– oder wie Talvi den Kristall der Sonne klaute
(Arbeitstitel: Die Sonnenkönigin)

Jutta Sievers
Pacha Mama – Mutter Erde
Der Weg zu Frieden und Einheit

Zeitfracht Medien GmbH
Ferdinand-Jühlke-Straße 7
99095 Erfurt, Deutschland
produktsicherheit@kolibri360.de